我家门口那条路

江苏篇

江苏省交通运输厅 编

科学技术文献出版社
SCIENTIFIC AND TECHNICAL DOCUMENTATION PRESS
·北京·

图书在版编目（CIP）数据

我家门口那条路. 江苏篇 / 江苏省交通运输厅编. —北京：科学技术文献出版社，2021.1

ISBN 978-7-5189-6202-0

Ⅰ.①我… Ⅱ.①江… Ⅲ.①农村道路—道路建设—成就—江苏 Ⅳ.① F542

中国版本图书馆 CIP 数据核字（2019）第 239646 号

我家门口那条路·江苏篇

策划编辑：周国臻	责任编辑：周国臻	责任校对：文 浩	责任出版：张志平

出 版 者　科学技术文献出版社

地　　址　北京市复兴路 15 号　邮编　100038

编 务 部　（010）58882938，58882087（传真）

发 行 部　（010）58882868，58882870（传真）

邮 购 部　（010）58882873

网　　址　www.stdp.com.cn

发 行 者　科学技术文献出版社发行　全国各地新华书店经销

印 刷 者　天津融正印刷有限公司

版　　次　2021 年 1 月第 1 版　2021 年 1 月第 1 次印刷

开　　本　889×1194　1/16

字　　数　160 千

印　　张　8

书　　号　ISBN 978-7-5189-6202-0

定　　价　68.00 元

编 辑 部　《中国公路》编辑部

地　　址　北京市朝阳区亚运村汇欣大厦 A 座五层

邮　　编　100101

电　　话　（010）84990501

编　　辑　谢博识

美术设计　王德本　李仪灵

编辑顾问　北京东方梦想文化传媒有限公司

写在前面的话

建好、管好、护好、运营好农村公路，是习近平总书记亲自总结提出、亲自推动实践的一项民心工程、民生工程。党的十八大以来，习近平总书记三次对"四好农村路"建设作出重要指示批示。截至 2018 年年底，江苏省农村公路面积密度达到 132 千米/百平方千米，居全国各省（区）第三位；农村公路中二级以上公路占比达到 18.7%，居全国第二、各省（区）第一位；江苏已基本实现县到乡通二级、乡到乡通三级、乡到村通四级公路。在由交通运输部、农业农村部、国务院扶贫办联合命名的"四好农村路"全国示范县名单中，江苏占 6 个，是拥有全国"四好农村路"示范县最多省份之一。

为充分展现全国"四好农村路"建设成就，2019 年 6 月，交通运输部政策研究室和公路局启动了"我家门口那条路"主题活动，并确定由江苏负责 8 月的系列展示工作。活动以线下创新活动支撑线上网民互动，通过线上线下联动，增强社会影响力。江苏省精心策划，选取溧阳、高淳、江宁、海门、丹阳、金坛 6 个具有代表性的地区，依次进行展示，取得了圆满成功。

根据不完全统计，江苏自媒体联盟成员在活动期间，共在新浪微博发博文 7000 余条，微博话题＃我家门口那条路＃总阅读量超过 1.7 亿人次，参与讨论人数超过 9 万人次。发布相关新闻信息 500 余篇，活动官方微博＠我家门口那条路粉丝量达到 83.5 万，此外，还有近百篇长微博、200 多条视频及 3000 多张精美照片。

江苏展示周活动圆满完成，但"四好农村路"建设没有止境，江苏将继续组织做好线上话题互动，争取有更多的江苏农村公路进入"网民心目中最美农村路"排名，更多农村公路品牌入选年终"十大最美农村路"评选。同时，认真总结本次江苏展示周活动的成功经验，将"四好农村路"作为展示江苏交通发展成就的重要窗口，进一步展现交通运输作为重要民生行业的形象，进一步增强人民群众的获得感、幸福感、安全感，全力建设人民满意交通，为服务和支撑"强富美高"新江苏建设做出更大的贡献。

目 录

开篇

1

2

3

1　武进西太湖环湖西路
2　溧阳 1 号公路上"爱情的套路"
3　徐州市新沂邳州银杏大道

1

1　县道 205 线金坛访仙路

1

2

3

4

1 沙洲湖大桥
2 溧阳大山口至瓦屋山旅游公路
3 昆山京东物流园区路
4 在亲手建起的南环高架桥下，新人
    们享受爱情和事业的双重喜悦
5 泗阳县意杨大桥施工现场

5

强富美高

至 2018 年年底，江苏全省公路通车总里程达到 15.9 万千米，其中农村公路总里程达到 14.2 万千米，占全省公路总里程的 89.3%。农村公路按照行政等级分，县道 2.53 万千米，乡道 5.2 万千米，村道 6.45 万千米。

苏路乡韵

文／图　江苏省交通运输厅公路事业发展中心

近年来，江苏大规模推进农村公路建设，积极推进农村公路管养体制改革，大力发展农村客货运输。仅 2018 年，全省农村公路道路桥梁新改建累计完工道路项目 4838 千米、建成桥梁 2874 座。至 2018 年年底，江苏全省公路通车总里程达到 15.9 万千米，其中农村公路总里程达到 14.2 万千米，占全省公路总里程的 89.3%。农村公路按照行政等级分，县道 2.53 万千米，乡道 5.2 万千米，村道 6.45 万千米。按照技术等级分，一级公路 0.56 万千米、二级公路 2.09 万千米、三级公路 1.61 万千米、四级公路 9.68 万千米、等外公路 0.24 万千米。农村公路桥梁 5.94 万座，共计 193 万延米，占全省桥梁总数的 83.7%，其中县道桥梁 11195 座、乡道桥梁 24433 座、村道桥梁 23807 座、专用道路桥梁 22 座。

党的十八大以来，江苏省委、省政府深入贯彻落实党中央、国务院"三农"工作部署和习近平总书记对农村公路的重要指示精神，不断解放思想、创新发展理念，按照交通运输部的总体部署要求，坚持"集约建设、优质养护、安全运行、便捷服务"的发展方向，全面推进"四好农村路"，助力乡村振兴，取得了显著成效。

特色致富路　平安放心路
美丽乡村路　美好生活路

党的十九大以来，江苏省委、省政府高度重视"四好农村路"

建设，2018年1月2日，省委书记娄勤俭主持召开省委常委会，传达习近平总书记等中央领导同志对"四好农村路"建设的重要批示精神，要求各级党委政府深化思想认识，强化责任担当，突出打造"特色致富路"，全面打造"平安放心路"，积极打造"美丽乡村路"，致力打造"美好生活路"。吴政隆省长多次听取"四好农村路"建设情况汇报，2018年5月2日主持召开省政府常务会议，审议通过并印发实施《省政府关于进一步加强"四好农村路"建设的实施意见》。2018年5月29日，省政府在溧阳召开全省"四好农村路"高质量建设推进会，全面部署"四好农村路"

建设任务，并研究制定全省农村公路布局规划、支撑乡村振兴战略五年实施方案、提档升级三年行动计划、示范市和示范县创建方案等，明确全省农村公路发展的目标、实施路径和保障措施。

提升农村公路交通服务水平，是解决"三农"问题的重要前提。多年来，江苏全面加快农村公路建设，率先将"行有所乘"纳入省级基本公共服务体系规划，每年都将农村公路建设和镇村公交发展等列入为民服务实事工程，扎实推动农村公路建设、管理、养护、运营协调发展，城乡交通运输基本公共服务均等化水平居全国前列。2003年起，为了"让

农民兄弟走上水泥路"，江苏掀起了农村公路建设高潮，截至2007年年底，累计新改建农村公路6万多千米，提前3年实现交通部提出的"东部沿海地区所有建制村通等级公路"目标；2008年起，江苏农村公路建设向居民集中居住点和新增经济节点延伸，截至2012年，又累计新改建农村公路2.7万千米，近3万个居民集中居住点通达等级公路。2013年2月，江苏省政府出台《关于实施农村公路提档升级工程的意

江苏省沭阳县新河镇，一位花农正利用网络直播销售花木　（摄影：陆启辉）

宿迁市沭阳县西圩镇 （摄影：陆启辉）

见》，以保障镇村公交、校车及城乡客运班车等安全通行，以单车道通村公路（乡道）拓宽为双车道四级公路、未达标县乡道及危桥改造为重点领域，全面实施农村公路提档升级工程。2014年3月，习近平总书记作出"把农村公路建好、管好、护好、运营好"的重要批示，省委、省政府高度重视，进一步加大江苏省农村公路提档升级建设力度，提高了省级补助标准。根据省委、省政府和交通运输部的统一部署和要求，

江苏省交通运输厅全力组织推进"四好农村路"建设。

"四好农村路"建设高标准推进。 江苏省从2015年开始大力推进"四好农村路"建设，2018年，省政府印发《省政府关于进一步加强"四好农村路"建设的实施意见》，明确了涵盖建管养运、具有江苏特色、高于全国标准的20项考核指标。根据该"实施意见"精神，各地认真开展了创建活动。2017年海门市、丹阳市、泰兴市以及2018年溧阳市、徐州

市贾汪区、南京市江宁区被评为"四好农村路"全国示范县，江苏省也成为获得全国示范县数量最多的省份之一。2018年，省政府办公厅印发了《全省农村公路提档升级工程三年行动计划（2018—2020年）》的通知，提出全省未来三年要新改建农村公路13500千米，改造四五类桥梁8500座，实施安全生命防护工程1.8万千米。2018年，全省农村公路道路桥梁新改建累计完成投资72.9亿元，完工道路项目4838千米，

太仓"四好农村路"，农旅结合让全域旅游绽放魅力

建成桥梁 2874 座。2013 年至 2018 年，全省累计新改建农村公路 2.9 万千米、桥梁 9100 座，实施农村公路安全生命防护工程 2.4 万千米。行政村双车道四级公路覆盖比例大幅度提高，农村公路危桥数量显著下降。

农村公路建设政策扶持力度进一步加大。为加大对苏北及贫困地区农村公路建设支持力度，2016 年，省政府办公厅印发《关于调整农村公路提档升级工程补助标准的通知》，大幅度提高苏北及贫困地区农村公路建设补助标准。严格按照中央聚焦贫困地区集中发力的工作要求，充分发挥农村公路在扶贫攻坚中的先导性作用，制定出台《"十三五"交通帮扶实施方案》，重点支持经济相对薄弱地区和集中连片困难地区公路建设，持续改善相对落后地区交通出行条件。加强对经济薄弱地区农村公路建设省补标准倾斜支持力度，六大扶贫片区及 12 个贫困县省补资金占比由 25% 提升到 60% 左右，大大减轻了地方配套资金压力。地方均出台了"四好农村路"建设实施意见，成立了政府分管领导为组长的"四好农村路"建设领导小组，将"四好农村路"建设纳入市、县政府绩效管理，进一步强化了"四好农村路"建设政策、资金等的保障。市、县政府及时召开了"四好农村路"建设推进会。南京、南通等地的市委书记专题调研了"四好农村路"建设，并作出批示。南通、苏州等市多次以政府名义召开推进会，强力推进"四好农村路"建设。

南京市按省、市1:1的比例配套农村公路建设、养护资金。

农村公路养护管理工作逐年加强。 2007年，江苏省印发《关于加强农村公路管理养护的意见》，加快了全省农村公路管理养护体制的改革步伐。按照"统一领导、以县为主"原则，逐步推进农村公路管理养护体制改革，经过"十二五"期间的努力，基本明确了县、乡两级政府在农村公路管养工作中的职责，形成了"县道县养、乡村道乡养"的运行机制，

基本建立省、市、县、乡四级农村公路管养机构，各级农村公路管养机构本着"精简高效"的原则，合理确定内设机构，逐步配备工作人员。2009年4月，全省发布《江苏省农村公路管理办法》，对农村公路的建设、养护和管理具体工作做出明确要求。按照"县乡自筹、省市补助、多元筹资"原则，筹集农村公路管理养护资金，基本实现农村公路"有路必养"。省交通运输厅每年下达考核任务给各市，对农村公路中县道MQI值、乡村道优良路率等关键路况指标提出明确考核要求，确保农村公路路况水平逐年提升。2018年，全省启动了《江苏省农村公路条例》立法工作，并力争于2019年正式出台，为农村公路高质量发展提供坚实法制保障。

农村客货运输服务水平稳步提升。 江苏省在全国率先推进城乡客运一体化发展。2010年，全省将统筹城乡客运协调发展作为解决城乡居民"行有所乘"的民生工程，试点推进镇村公交建设，推动城市公交、县乡客运、镇村公交三级客运无缝衔接。2013年，江苏在全国率先实现了行政村（岛屿村除外）100%通客运班车。在全国首

创镇村公交发展模式，努力推动城市公交、县乡客运、镇村公交三级客运无缝衔接，2018年编制完成镇村公交开通三年工作计划，全面启动镇村公交三年攻坚，当年新增88个乡镇开通镇村公交，累计开通907个乡镇，覆盖率达83.7%。开通镇村公交线路2390条，投入车辆5103辆，越来越多的农民群众经过一次换乘可达县城。同时，全省加快推进农村货运物流站点布局，完善农村物流三级网络节点，创新农村物流运作模式，提升农村物流信息化水平。截至2018年年底，全省累计建成县级网络节点61个，乡镇网络节点568个，村级网络节点9895个；乡镇快递网点覆盖率在全国率先达到100%，所有行政村100%建立了"村邮站"。

特色农路品牌建设创新发展。 全省开展了"四好农村路"创意设计大赛，编制《江苏省农村公路桥梁创意设计图库（集）》，打造和推出一批独具江苏特色的农路品牌，提升农村公路桥梁创意设计水平。苏州市打造"吴风雅韵"的农村公路品牌集群，按照"一路一风景""一县一特色""一村一幅画"的模式打造完成了8

个县级综合品牌和40余个子品牌，突出体现了苏州文化特色。南通市着力打造"一县一品牌、一镇一循环、一路一特色"的路网结构，推动农村公路建设由量的增长为主向以质的提高为主的方向转变。溧阳市按照高质量发展要求，将生态涵养、全域旅游、文化传承、乡村振兴等新时代新元素融入"1号公路"建设，将"1号公路"打造为"生态1号""旅游1号""文化1号"和"富民1号"，成为江苏省农村公路全国知名的"金字招牌"。创新"农村公路+"发展新模式。积极推进农村公路与农村产业基地、旅游景区、田园综合体、特色小镇、乡村旅游等产业项目组合开发，探索实践了"农村公路+特色产业""农村公路+旅游"等富民新模式，建成一批资源路、旅游路和产业路，实现农村公路带动产业发展、促进农民增收和改善村庄环境。徐州市贾汪区结合特色产业发展和"国家全域旅游示范区"建设，实现"四好农村路+商贸""四好农村路+旅游"融合发展。常州市金坛区强化顶层设计，以"'金'彩山水，'坛'茶论道"为主题，建设了"一环两轴四片多联"的"快旅慢游"

旅游公路网络，打造了"茶香道韵、红色传承、人文林海、水乡风情"四大旅游线路。沭阳县创新"政府引导、专业投资、企业入驻"的县、乡、村三级物流集聚发展模式，形成了"农村公路+农产+电商+物流"的特色产业体系，成为全国十大淘宝村集群中唯一的农产品淘宝村集群。

高标准创建农路品牌 高要求打造平安农路

创建区域特色品牌，实现带动示范引领。 漫步在海棠花红示范路上，太仓第一个党支部纪念馆分外夺目。杨漕村作为苏南著名的革命老区，自"四好农村路"建设工作开展以来，当地原有的红色文化资源、优美的生态环境、休闲农业等得到了有机融合。红色五公里串联起了"忆苦·思甜"党性教育体验线路，串联起了吴家湾幸运花海、璜泾镇现代农业园等地方特色，引领党员群众寻访历史、体味田园，重温峥嵘岁月，感受幸福生活。

苏州"吴风雅韵"是"四好农村路"品牌创建的一景。按照"一路一风景""一县一特色""一村一幅画"的模式，

苏州高质量、高标准推进农村公路建设，涌现出了一批"四好农村路"建设的"苏州样本"：环太湖片区的"太湖蓝""滨湖红""太湖大堤"，连通昆山和吴江的"周同公路"，张家港的"凤恬路"，太仓的"南鹿线"……

近年来，江苏围绕服务农村产业和全域旅游发展，策划开展"一县一品牌，一区一特色"创建，组合开发农村公路与农村产业基地、旅游景点、田园综合体、特色小镇、乡村旅游等产业项目，因地制宜打造资源路、旅游路、产业路，在国家旅游公路示范路和省级旅游风景道基础上，打造江苏农村公路特色品牌集群。如今，一条条韵味十足的农村公路，就像一张张文化名片、一个个文化向导，承载着地区浓厚的人文底蕴，引领大家漫步江苏大地，感悟历史，消解乡愁，助推乡村振兴，实现农民群众的美丽乡村梦。

努力服务百姓出行，打造平安放心公路。 在下邹通村公路上，有一处位于顾孟村段的急弯段。急弯两侧无法增加路肩，还遮挡两头行人视线。以前，途经此处的司机发现会车时，两车距离已经靠近，情况十分

金坛长荡湖边乡村道（摄影：岳勇）

危险。虽然设置了"急弯慢行"等警示标牌，但交通事故仍未能完全根除。针对这一情况，当地公路交通部门动足脑筋，千方百计治理"路患"，在急弯内侧打桩填土，浇筑混凝土路面，增加路面宽度，并在外侧增加一排警示桩，从而彻底解决了这处交通隐患。

一直以来，江苏高度重视农村公路的通行安全，加快建设农村公路安全生命防护工程。2018年，江苏公路系统专门印发了《关于开展农村公路安全生命防护工程专项调查的通知》，重点围绕工程建设、危桥改造、农村客运安全等开展专项调研，编制完成专项调查报告；参与研究制定了《农村地区平安放心路创建实施方案》，进一步加强农村地区道路交通安全管理，打造安全畅通、文明和谐的美好农村道路交通环境，保障广大群众平安放心出行。2018年，全省完成安全生命防护工程7568千米，投资60286万元。

为保障辖区农村公路的安全畅通，各地也因地制宜，不断完善农村公路管理工作制度和技术规范体系。徐州市出台了《徐州市农村公路管理规范化实施方案》，进一步提升农村公路养护管理规范化水平。南通市在如东县试点引入农村公路智慧化管理，采用内业数据处理平台与外业复核App相结合的方式，打造具有"路网信息查询＋计划管理＋智慧养

13

护 + 农路咨询"等功能的综合管理信息化系统。

"六大工程"
提升农村公路

按照《省政府关于进一步加强"四好农村路"建设的实施意见》（苏政发〔2018〕66号）和交通运输部办公厅《关于进一步做好"四好农村路"示范县工作的通知》（交办公路函〔2018〕1924号）精神要求，下阶段江苏将以服务乡村振兴战略、长江经济带、长三角一体化发展战略、脱贫攻坚、农村人居环境改善、苏北地区农民群众住房条件改善、平安交通及农村经济节点为目标，以"四好农村路"示范市、示范县创建为抓手，以提档升级建设工程为重要内容，以管理养护长效机制为重要手段，实施农村公路提升"六大工程"，积极构建农村公路建管养运一体化新格局。其中，2019年计划新改建农村公路4500千米、改造桥梁2100座，确保行政村双车道四级公路通达比例达到90%。

实施示范提升工程。 扎实有序推进全省"四好农村路"省级示范市、示范县创建工作，在树典型、严把关、强指导上下功夫，做好全国示范县的遴选和推荐工作。全面加强"四好农村路"示范县工作长效机制建设的指导和监督，对示范县实施动态管理，建立摘牌退出机制。加快"一县一特色，一区一品牌"创建，编制品牌建设设计导则，指导各地充分挖掘提炼最具代表性的地方品牌。按照打造交通强国江苏方案：打造十大样板的总体部署，积极打造交通服务乡村振兴样板。围绕乡村振兴、脱贫攻坚等重大战略，重点建立"农村公路 + 产业""农村公路 + 生

苏州吴江松汾公路 （摄影：李海峰）

态""农村公路 + 文化"等具有江苏特色的发展模式，打造好"特色致富路""平安放心路""美丽乡村路""美好生活路"。

实施质量提升工程。按照"多规合一"的要求，做到农村公路规划与镇村布局等专项规划的衔接协调，重点加强乡村道网与规划发展村庄的衔接。做好为民服务实事工作，加快推进提档升级三年行动计划，全面推进行政村通双车道四级公路、特色田园乡村实现等级公路通达、危桥改造工程、安全生命防护工程，服务改善苏北人民群众住房条件政策落实。指导各地积极打造农村公路品质工程，发挥示范带动作用。同时加强"四好农村路"创意设计大赛优秀成果和农村公路桥梁图库的推广应用，使先进的设计理念在农村公路上落地生根，打造和推出一批独具江苏特色的农路品牌。编制进一步提升农村公路建设质量指导意见，强化农村公路参建方质量管理责任，完善质量管理保证体系，规范质量管理行为。

实施管养提升工程。加快推进相关立法工作，推动出台《江苏省农村公路条例》。完成农村公路管养机制研究，探索建立权责明晰、科学规范的农村公路管养体系。出台全省农村公路技术状况评定实施细则等管理规定，开展江苏省农村公路桥梁养护实用性技术研究，组织地方做好农村公路养护定额研究工作，推动农村公路养护科学化、规范化。开展农村公路信息化管理平台建设研究，利用信息化手段提升农村公路精细化管理水平。

实施环境提升工程。加强路域环境综合整治，全面推进"路田分家""路宅分家"，按照"八无三化"要求，重点整治镇村路段路域环境，努力打造"畅安舒美"的农村交通环境，发挥好农村公路对人居环境改善的引领作用。加强农村公路超限车辆治理和农用车管理，严肃查处违法超限运输及各类破坏、损坏农村公路设施等行为。开展美丽公路引领美丽乡村建设，逐步构建美丽公路与产业经济、人居环境、精神文明相融合的发展模式，因地制宜建设自然风景线、历史人文线、科创产业线、生态富民线等美丽公路，积极打造"美丽乡村路"。

实施安全提升工程。积极开展农村地区"平安放心路"创建工作，推进安全生命防护工程建设。明确省市县三级职责目标，强化农村地区交通运输基础设施安全管理，组织开展农村道路事故多发路段专项排查，对较大的道路交通安全隐患，按级实行挂牌督办、重点推进。重点加强农村公路与干线公路、铁路交叉处安全防护设施隐患排查和处治，并取得实质性进展。实施交通安全知识进农村，提升农村地区出行人员的交通安全意识、认知水平和防范能力。

实施服务提升工程。实施镇村公交攻坚工程，落实镇村公交挂钩督导和工作通报机制，2019 年力争新增 80 个乡镇开通镇村公交，有效提升镇村公交运营服务质量和吸引力。进一步加强镇村公交配套道路建设的质量安全监管。每个设区市力争打造一个城乡公交一体化建设试点县。加快推进农村物流网络节点建设。引导交通运输、邮政、商贸、供销等物流资源整合，鼓励创新农村物流模式，依托农村电商平台，打造线上线下一体化农村物流模式，全面提升农村物流站点的服务能力和水平。开展农村公路纪检监察巡查机制深化与创新研究，制定出台《江苏省农村公路纪检监察巡查管理办法》，抓好农路巡查工作，为"四好农村路"建设提供坚强纪律保障。🌿

江苏展示周：启动

1. 江苏省展示周启动仪式

2019 年 7 月 26 日至 8 月 7 日，"我家门口那条路"江苏展示周启动仪式暨溧阳站展示周在溧阳举行。活动期间，在江苏省交通运输厅、省公路事业发展中心的指导下，在溧阳市政府的精心组织、溧阳市交通运输局等部门的具体实施下，开展了一系列以"四好农村路"建设为主题的展示活动。

交通运输部政策研究室副主任孙文剑，交通运输部公路局副局长孙立东，江苏省交通运输厅党组成员、副厅长丁峰，省交通运输厅新闻发言人、副厅长金凌，以及溧阳市领导徐华勤、陈峰出席会议。中央电视台、新华日报等 20 多家中央、省级媒体，以及国内近百位微博达人参加了活动。

回顾
我家门口那条路
展示周·江苏篇 7.26 / 8.27

"我家门口那条路"主题活动由交通运输部政研室、公路局主办，
活动官方微博由交通运输部新闻办公室主办，《中国公路》杂志社运营。

盛夏八月，江苏省接下 @我家门口那条路 线下展示周活动第二棒！

常州溧阳"一号公路"、南京高淳"慢城绿道"、南京江宁"宁径织美"、南通海门"江海叙·又一季"、镇江丹阳"镜彩农路·丹凤朝阳"、常州金坛"乐道金坛"……淋漓尽致地书写了江苏省"一县一品牌，一区一特色"的农路成长历程！"交通线"变"风景线"，江苏"四好农村路"的推进永无止境。

7月26日 第一站·溧阳

彩虹当空舞·美音溧阳行
"溧阳一号公路"全长365公里，是首批江苏省旅游风景道，因红、黄、蓝三色路线设计，被网友亲切称为"彩虹公路"。

彩虹路	启动仪式	马拉松
健步行	市长话公路	绿色骑行
童心绘溧阳	采风行	婚礼季

154 条	**4079.1** 万+
发博量	#我家门口那条路#话题量
53.7 万+	**2.2** 万+
启动仪式直播观看量	总互动数

溧阳1号公路

江苏省展示周精彩图回顾

8月3日 第二站·高淳

➡️ 江南圣地·鱼米之乡

高淳是中国首个"国际慢城"，国际慢城联盟中国总部所在地。"游慢城绿道，品淳味生活"，围绕着慢生活、慢休闲打造高品质生态休闲旅游度假区，促进"交农旅"融合！

绿道L060　淳青茶园　慢城路

来风游　区长话公路　"蟹"农游

童心绘农路　国瓷小镇　趣盈赛

88条
发博量

6129.4万+
#我家门口那条路#话题量

3.7万+
区长推介高淳路视频
点击量

1.5万+
总互动数

"我家门口那条路"江苏展示周启动仪式
全省第一批农村公路"一县一品牌 一区一特色"成果发布

我家门口那条路

2. 江苏省"一县一品牌、一区一特色"成果发布

7月26日，"我家门口那条路"江苏展示周活动启动仪式暨全省农村公路"一县一品牌、一区一特色"第一批品牌创建发布会在常州溧阳举行。创建成果代表在启动仪式上作了经验交流。

江苏省交通运输厅发布的第一批农村公路"一县一品牌、一区一特色"创建成果名单如下：南京市：江宁区（宁径织美）、高淳区（慢城绿道）；镇江市：丹阳市（镜彩农路·丹凤朝阳）；常州市：溧阳市（溧阳1号公路）、金坛区（乐道金坛）；苏州市：太仓市（仓风江韵）、吴中区（吴韵匠心）、吴江区（四韵和融）、昆山市（昆韵大道）、常熟市（常来常熟）、张家港市（邂逅沙洲）；南通市：海门市（江海叙·又一季）；扬州市：仪征市（心浓仪路）；泰州市：靖江市（靖善靖美·马洲农路）。

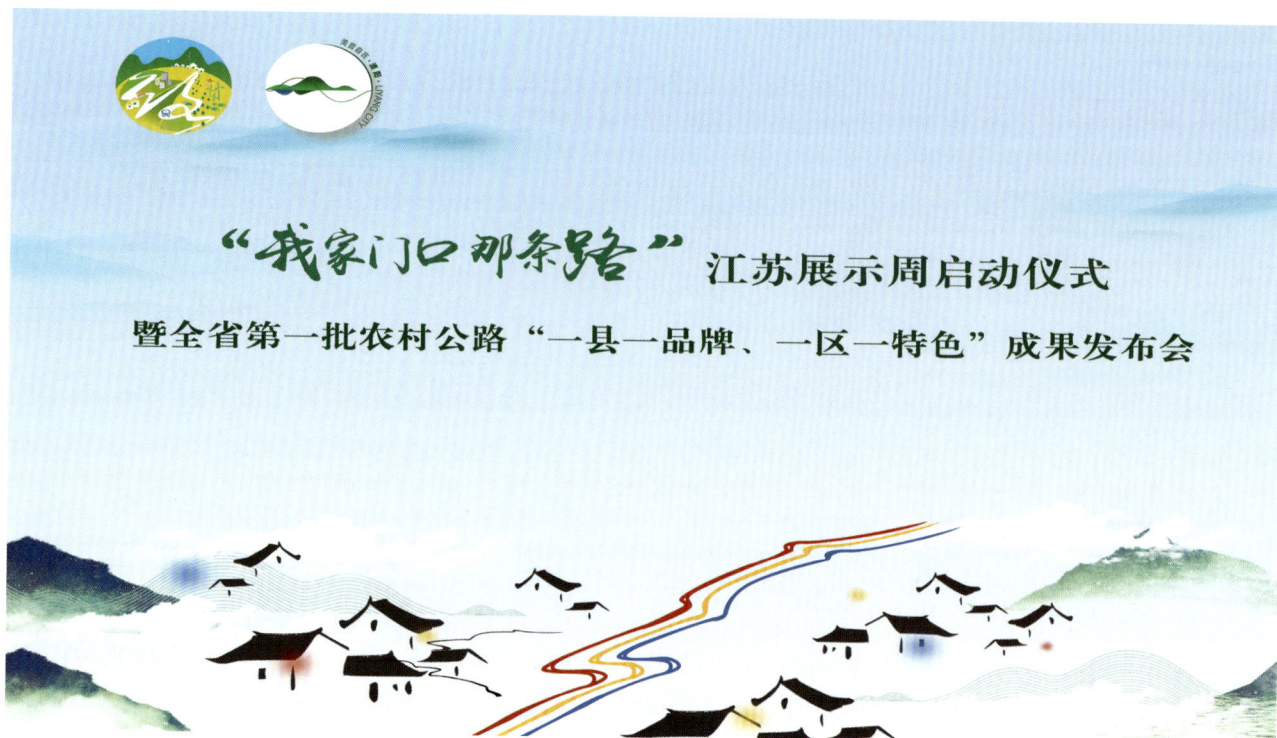

#我家门口那条路# 【江苏展示周 | 溧阳代表推介"一县一品牌、一区一特色"】自在驾行、畅游溧阳。通过1号公路，你可以去到你在溧阳任何想到的任何地方。365公里"1号公路"，路路皆是景。"溧阳1号公路"，串起的不仅是溧阳的青山绿水，更打通了绿水青山与金山银山的通道。

旅游1号　生态1号　文化1号　富民1号

8月10日 第四站·海门

百年江海·长寿之乡
"江海叙·又一季"，以"农村公路+产业"为主题，重点打造了"绿海升潮"和"春江连月"两条特色品牌环线，承载着江风海韵的浪漫情怀，是"实业救国"和"交通强国"的历史对话和信念传承。

百年颐生　大国重器　江风海韵
荣岗少年　启动仪式　阡陌有序
十米长卷绘农路　农路+传统家纺　农路+科技

146条	8598.1万+
发博量	#我家门口那条路#话题量
3.5万+	0.4万+
"江海叙·又一季"宣传视频观看量	总互动数

我家门口那条路 ✔ 🎖️🇨🇳

7月26日 10:19 来自 360安全浏览器 已编辑

#我家门口那条路#【江苏展示周 | 高淳代表推介"游慢城绿道，品淳味生活"农路品牌】高淳是我国第一个"国际慢城"，其农路品牌标志充分融合了国际慢城慢文化蜗牛形象，蜗牛的壳为"高淳"二字拼音首字母"GC"，壳上的花纹意指我们的农路；背上的小蜗牛呼应口号，妙趣横生；蜗牛整体影响圆润，憨态可掬 ...展开全文 ∨

阅读 5640　推广　⤴ 5　　💬 2　　👍 9

8月10日 第五站·丹阳

➡️ 千年古都·丹凤朝阳

镇江丹阳"镜彩农路·丹凤朝阳"，整合生态优势、产业特色、历史人文等资源，形成一条集文化展示、产业推广、景观配套等多功能验融合，传播社会主义核心价值观的新型田园"乡镇风貌示范带"。

村水乡韵	座谈会	《我和我的祖国》
公益骑行	市长话公路	启动仪式
绿色骑行	航拍丹阳路	农路LOGO

137条
发博量

9642.9万+
#我家门口那条路#话题量

1.2万+
市长推介丹阳路视频观看量

2.2万+
总互动数

DAN YANG
镜彩农路·丹凤朝阳

8月17日 第六站·金坛

江东福地·乐道金坛

常州金坛"乐道金坛"，围绕"农村公路+"的品牌定位，构筑了"一环两轴四片多联"及"精品十环"的金坛乐道网，让农路成为"产业兴旺、富民强区、筑梦复兴"之道。

绿野仙踪　健步行　送知识
采风游　区长话公路　水陆并进
启动仪式　诗歌颂　人文行

176条
发博量

1.6亿+
#我家门口那条路#话题量

1.8万+
区长推介金坛路视频观看量

2.2万+
总互动数

3. 乡村振兴大家谈

在"我家门口那条路"江苏展示周活动中，与会嘉宾和代表走进乡路边的民宿，和村民们展开了一场"农村公路助乡村振兴、富民增收"的座谈会。在桂林村陶然美芥民宿里，公路交通人、村民代表、返乡创业者们围绕农民致富奔小康，农村公路给家乡带来的切切实实的实惠，畅怀交流。

8月27日 收官啦！

8月27日，江苏省交通运输厅党组书记、厅长陆永泉在金坛展示周收官活动上表示，江苏以乡村振兴战略为指引，还在不断提升农村公路建设内涵，积极探索实施"农村公路+产业、+生态、+文化"等富民新模式，深入开展"一县一品牌、一区一特色"创建活动，着力推动农村公路由"交通线"向"风景线"转变、由"通上车"向"富一方"转变。

江苏展示周依次走过溧阳、高淳、江宁、海门、丹阳、金坛6站，金坛展示周最后一天邀请了本省老书记、老作家、老劳模、老艺人共话农村公路建设对社会发展、乡村振兴的影响，"四老"话"四好"美好憧憬为江苏展示周画上了圆满句号！

交通运输部政策研究室
《中国公路》杂志社
联合出品

江苏省展示周精彩回顾

溧阳篇

1

1　溧阳1号公路是首批江苏省旅游风景道，全长365千米（摄影：车保华）
2　溧阳1号公路连接该市98个行政村、312个自然村、220多个乡村旅游
　　景点、23个美丽乡村和特色田园乡村试点村，对外快速连通周边7个县
　　市（摄影：车保华）

2

1

2

3

1 溧阳1号公路以"三山"（南山、曹山、瓦屋山），"两湖"（天目湖、长荡湖）为中心（摄影：车保华）
2 溧阳1号公路为扩大"公路品牌"影响力，还打造了一系列文创产品（摄影：车保华）
3 "三色线"中的蓝色、黄色、红色分别代表生态、安全和希望（摄影：车保华）
4 溧阳1号公路融入了当地的"白茶文化"（摄影：车保华）

4

1

2

3

1　彩霞映照下的大美溧阳1号公路（摄影：车保华）
2　溧阳1号公路正是"绿水青山就是金山银山"理念的最好实践（摄影：车保华）
3　"爱情的套路"是溧阳1号公路上的网红打卡地（摄影：车保华）
4　溧阳山水和1号公路相辅相成（摄影：车保华）

4

溧阳 1号公路 带来山乡巨变

文 / 图　溧阳市交通运输局

绿色发展绘就了美丽溧阳新画卷。江苏省首批旅游风景道1号公路的建成，彰显了溧阳令人惊艳的自然风光和深厚的历史文化底蕴。1号公路不仅是溧阳旅游业的"颜值担当"，更是服务沿途村民、增创致富机遇的"实力担当"。1号公路激活了全市乡村的"旅游细胞"，从农家乐到乡村游，从全域旅游到乡村振兴，让原本"陷于深山"的村民悟到了"青山绿水就是金山银山"的深意。

溧阳1号公路沿途设置了9个驿站、15个景观台、13个休憩点（摄影：车保华）

"当前，以城市群、都市圈、经济区为主要方式的区域一体化浪潮，正深刻改变着县域发展的格局。"在溧阳市委副书记、市长徐华勤看来，乡村振兴必须把握这一趋势。"溧阳地处苏浙皖三省交界，属于宁杭生态经济带的重要节点，是长三角城市群的地理中心。如何在这种多元多层次的区域合作中寻找乡村振兴的着力点，是溧阳一直研究和实践的课题。"

5月9日上午6时55分，一列带着"溧阳1号公路"字样及红黄蓝三色彩虹线的高铁列车从杭州东出发，驶上了去往北京南的京杭大动脉。这是"溧阳1号公路"高铁品牌列车的首发，也意味着"溧阳1号公路"品牌拥有了一张崭新的"流动名片"。

溧阳，南部为低山区，山势较为陡峭，西北部为丘陵区，岗峦起伏连绵。如今，对这个山乡来说，借力"1号公路"，变化比以往任何时候来得深刻。

生态1号
展示美丽溧阳的"大走廊"

从"农村四好路"到"1号旅游公路"再到"1号公路"，参与这条"网红路"建设的溧阳市交通运输局的相关人员都不禁感叹"想不到效果这么好"。

当时间回到2016年，溧阳市入选"国家全域旅游示范区"创建名单，溧阳打造大旅游格局的序幕正式拉开。"交通是先行军，"溧阳市交通运输

溧阳 1 号公路有力助推了溧阳市全域旅游发展（摄影：车保华）

局农路办主任陈明忠回忆说，在谋划"十三五"发展时，溧阳就提出了建设"宁杭生态经济带最美副中心城市"的目标定位。在此背景下，全局立足溧阳乡村旅游现状，把旅游公路建设作为全域旅游的新载体，结合"四好农村路"创建，在全省率先提出并实施特色化旅游公路体系，积极探索"交通+"，"'四好农村路'是常规动作，旅游公路是亮点工作。"

2017 年 3 月，以"三山两湖一团城"为中心，借助原有公路路网，对标"四好农村路"，溧阳正式启动旅游公路建设。"溧阳以生态优美著称，而自然生态好的地方往往交通并不方便。"溧阳市交通运输局综合计划科副科长狄赟说，为此，在建设过程中，就要充分考

虑如何让市民和游客能够走近山水田园，亲近自然，更好地共建共享最美生态。于是，坚持以不破坏原有生态环境为先决条件，"1 号公路"尽可能地采取"原路利用"的方式，路形不求太平坦，顺岗就坡、起伏别致；路线不求太笔直，随弯就势、曲径通幽；路面不求太宽阔，既能快进、更宜慢游。"在如今全长 365 千米的'1 号公路'上，后来新建的仅有二三十千米。"

为了最大限度地承载旅游功能，"1 号公路"还串联起了溧阳全市主要景区和 98 个行政村、312 个自然村、62 个美丽乡村和特色田园乡村试点村。在此基础上，推动"1 号公路"与沿线风光的融合，打造了"生态修复、借景透景、显山露水、乡村野趣"的生态景观。比如，当初在建设神女之心观景台时，工作人员就是无意间发现了一片自然心形竹林，并由此萌发灵感：把挑高平台设计成箭形，把绿化打造成一面巨幅双心花坡，与心形竹林交相呼应。"从一条路变成一个网，我们没有先例可以借鉴。"狄赟笑道，"那段时间，自己每天都要在这条路上奔波两

三百千米，边学习边摸索。"

2018 年 9 月 29 日，"1 号公路"通车典礼举行。自此，在红黄蓝三色线的指引下，溧阳乡村振兴的神经末梢被打通。

旅游 1 号
串联全域旅游的"珍珠链"

"几乎每个周末都爆满，遇到'五一'等特殊节点，起码需要提前一个月预订。"正值旅游旺季，溧阳戴埠镇上宥里村芥宿竹马岭的主人谭丽娟忙得不亦乐乎。就在上个月，在中国溧阳茶叶节暨天目湖旅游节的开幕式上，她的民宿被评为了溧阳首批五家四星级茶舍（精品民宿）之一。

神女湖驿站（摄影：车保华）

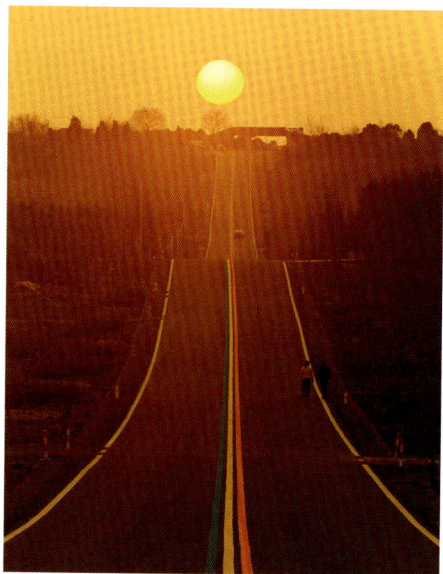

溧阳 1 号公路不仅是溧阳旅游业的"颜值担当"，更是服务沿途村民、增创致富机遇，振兴乡村发展的"实力担当"（摄影：车保华）

2016 年，在考察过莫干山等地后，谭丽娟和她的丈夫决定在老家开办民宿。"我们溧阳风景好、环境好，比起莫干山来一点不差。我们 2011 年在老家建的房子，比较大，之前一直空着，正好适合。"于是，在溧阳民宿刚刚兴起之时，夫妻俩就投资 300 万元，并请来了设计师对房屋进行了改造，这也是上宥里村的第一家民宿。原木工业风的三层别墅、院内沙滩泳池、房前自家茶场、屋后竹林茶园，竹马岭 2017 年一开业就赢得了大批游客的欢心。让谭丽娟格外高兴的是，因为出门就是"1 号公路"，自己的民宿生意越来越火爆。

一条公路，激活了溧阳全域旅游整盘棋。据统计，在"1 号公路"沿线，仅农庄、民宿、茶舍、驿站等就共有 380 多家。

"以往游客来溧阳旅游时，因市内多丘陵山区、平原圩区的复杂地形地貌，崎岖不平的山路给大家造成了不小的困扰。随着'1 号公路'的建设，各景点之间实现了互联，溧阳全市也成了一个'大景区'。"陈明忠介绍，依托"1 号公路"建设，公路沿线规划布局了一批精品酒店、民居民宿，设置了 30 座"溧阳茶舍"，打造了 60

余处房车营地、驿站、驿亭和观景平台。同时，当地还高标准、艺术化地设置了"1号公路"沿线旅游标识、标志和标牌，规划布局了86个共享汽车出行点，并将沿线景区景点、驿站及特色产品、乡土文化、交通出行等旅游信息整合到"自在溧阳"手机App平台，为游客提供贴心的便捷服务。"2018年，有近200万人次的游客在溧阳恣意畅游，寻找乡愁记忆。"陈明忠说。

溧阳1号公路被评为江苏自驾休闲线路一等奖（摄影：车保华）

文化1号
古今交融传扬"溧阳故事"

2019年"五一"小长假期间，在溧阳"1号公路"的北片区，"美音溧阳我代言"活动给不少游客留下了深刻记忆。数小时的现场炒茶演示及精彩的茶道表演，通过互动体验，无不加深了游客们对溧阳浓厚茶文化的感悟。到达溧阳、了解溧阳、感悟溧阳，"1号公路"带来人流客流的同时，亦借文化之魂，让乡愁有了更深的底蕴。

行走在"1号公路"宛如行走在溧阳的文化长廊。史侯祠、蔡邕读书台、欧冶子铸剑台……错落分布在"1号公路"周围的一批历史与文化遗存，在一个个"溧阳故事"中，向世人展示着溧阳的"物华天宝，人杰地灵"。2018年，溧阳进一步对"1号公路"做了文化挖掘、内涵提升工作，以文化可视化的形式将本土历史与文化遗存一一落地。

作为新四军江南指挥部的所在地，

"1号公路"上的红色文化格外夺目。在沿线风景中，穿插党建宣传标语；在休闲驿站里，悬挂本地党员模范先进事迹牌；在旅游大道路口，竖起大型党建宣传牌；在"溧阳行"App上，将党建资源接入，通过AI技术，游客可以在"1号公路"上边看党建风景边听红色故事……溧阳市委、市政府结合"全域旅游推进年"的契机，分领域、分阶段打造了全域党建精品线、示范片，"网红"公路也由此"热"了起来。

本土文化在"1号公路"极大彰显的同时，"1号公路"自身也成了一种文化。不久前，作为"1号公路"首个自主品牌，位于神女湖驿站的"公路咖啡"正式开业。古朴的木质结构和现代感十足的落地玻璃相结合，就像这个驿站本身想传递的信息：不忘传统，时髦可爱。在这里，充满"1号公路"元素的各种钥匙扣、帆布袋、勋章等精致文创产品让公路文化有了新潮的表达。

富民1号
打开10万农民增收致富新通道

"我们村是长寿村，也是发财村！"戴南村86岁的李桂英老人说。在她的住所旁边，一栋崭新的自在清境客栈已经开始对外营业，"这是我小儿子的家，两层楼，上

溧阳1号公路151县道吕庄水库段在交通运输部政策研究室和公路局主办的"我家门口那条路"主题活动9月"养护最好的路"全国网络评选中荣获第一名（摄影：车保华）

下各有几个房间，每个周末都有很多人过来。感谢公司！感谢政府！"

"我们老两口住的房子是公司帮助改造的。""这是我儿子的房子，更漂亮！公司帮助在院子里铺了水泥，做了风景平台，还在门口的池塘上做了一点小景观。"73岁的杨八妹老人说。

两位老人口中的"公司"是来自浙江杭州、专注于打造"美丽小镇"的蓝城集团。得益于农村路网的不断完善，资本开始对这片土地倍加青睐。2017年，蓝城集团和溧阳市政府签订战略协议，在溧阳这片被数个AAAAA级景区包围的土地上，启动了蓝城首个田园美学小镇——"蓝城•悠然南山"项目。作为助力当地乡村振兴的重要载体，"悠然南山"一方面在不拆迁的大框架下，因地制宜积极改

善乡村面貌，项目辐射的9个村438户原住民，蓝城都替他们统一做了外立面翻新和庭院美化，每户平均改造费用在10万元左右。另一方面，蓝城还积极帮助农民增收，村民除了每年可领到每亩800元的土地流转费用，还可以到蓝城统一规划打造的果蔬田园里就业，成为新型农业产业工人。"项目总投资23亿元，预计三四年可全部建成。"林光耀说。

"1号公路"成为农民发家的新通道，让村民走出田头，让产业走进乡村，乡村振兴的"双向通道"被打开。据统计，"1号公路"已累计带动10万农民增收致富。随着农旅融合不断深入，"1号公路"沿线越来越多村庄前进发展的步伐愈加有力。有着江苏省乡村振兴旅游富民先进村、江苏最美乡村、中国美丽休闲乡村等诸多荣誉的李家园村，目前全村劳动力人口就业率达到100%，主要从事茶产业、乡村旅游业，全村有各类农家乐、餐馆百余家，农产品销售超市近50家。

溧阳市委书记蒋锋说："实施乡村振兴战略是新时代'三农'工作的总抓手，农业农村发展的新'风口'。赶上风口是机遇，抓住机遇靠本事。"如今，再度梳理"1号公路"的发展之路，似乎溧阳在乡村振兴这个课题上已经有了答案。

展示周精彩瞬间

1. 市长话"四好农村路"

溧阳 拥有2300多年历史的古县

来了还想来的彩虹公路

溧阳1号公路火遍全国朋友圈

溧阳市人民政府副市长陈峰推介溧阳1号公路。溧阳1号公路，是我家门口的那条路，牵动着乡愁，记录着美好，也是每个人心底里的那条回家路。欢迎全国各地的朋友到溧阳来走一走，看一看。

2. 童心画溧阳

7月26日下午，在溧阳1号公路汨罗灞驿站里，一群孩子拿着画笔，在画板上描绘他们眼中的溧阳农村公路——用童心画溧阳。在孩童的眼睛里，溧阳1号公路的颜色是千变万化的，永远没有定式！

3. 阳光公益徒步

一场阳光公益徒步活动在溧阳1号公路上拉开序幕，盛夏的温度加上对公益的热情，选手们步伐矫健而轻快，全身心感受溧阳1号公路的魅力。

4. 2019 中国·溧阳爱情泼水节暨 1 号公路情歌音乐节

8 月 7 日上午，2019 中国·溧阳爱情泼水节暨 1 号公路情歌音乐节在"天路"拉开序幕。5 对特邀情侣或身着西装婚纱，或穿上秀禾装，拍摄创意婚纱照。情侣们的脸上洋溢着幸福的笑容，秀出当今年轻人的爱情姿态，与"天路"美景浑然天成。

当日，溧阳市政府携手江苏广电，在七夕佳节当天，以爱情泼水节为特色活动，串联起"天路""爱情的套路""神女之心"3个溧阳"1号公路"景点，举行爱之铭、爱之愿、爱之趣、爱之乐四大篇章活动，打造溧阳"交通＋文化＋旅"游融合的全新IP。

高淳篇

1 南京市高淳区慢城线
2 2015 年 9 月，"淳
  青茶园"荣获"中国
  最美茶园"称号

1

2

1 高淳慢城线是"江苏最美农路十
  大自驾游线路"之一
2 高淳正持续打造"慢城绿道"
  农路品牌

高淳

游慢城绿道
品淳味生活

文 / 图　高淳区交通运输局

永仙路

在这个快节奏的时代里，人们的内心仿佛被一个声音驱使着，生活如同按下了快进键，整个世界都被挤压为一个字：快！

捷克作家米兰·昆德拉曾在他的小说《慢》中这样问道：慢的乐趣怎么失传了呢？在快节奏工作生活的今天，慢并没有消失，在高淳，你可以发现，生活原来真的可以慢下来。

农村公路网络安全便捷

高淳构建了高速公路、国省干线公路、县乡村农村公路，及城镇道路有效衔接的农村地区公路网保障体系。2018 年年底，高淳区农村公路总规模 1444.303 千米（县道 197.481 千米、乡道 843.8 千米、村道 403.022 千米）。同时，芜太、宁宣、宁郎一级公路穿境而过，宁高、溧芜高速公路直通互接，实现了南京 1 小时、县城半小时、镇（街道）15 分钟车达的交通服务圈。

此外，当地积极提升农村公路安全保障。基本建成综合施策的农村公路安全隐患治理网络，实现了农村公路安全保障由交通工程向"交通工程+"的转变。2013 年至 2017 年实施农村公路安全生命防护工程 291.644 千米，2018 年农村公路安保工程再实施 86.495 千米（县道 27.895 千米、乡村道 58.6 千米），临水、高路堤等路侧险要路段增设或改造防护设施 37000 延米。

农村　农业　农民　得实惠

便民惠民的农村公路运输服务保障网络，实现了当地乡村振兴和便民富民的转变。2018 年全区一般公共预算收入 31 亿元，增长 10%；城、乡居民人均可支配收入分别增长 8.7%、9.3%。经济指标的增量和农民收入的增加离不开"四好农村路"的推进。全国平安建设先进区，休闲农业与乡村旅游、农村电子商务全国示范区，国家级生态文明示范区等在高淳如雨后春笋般涌出。

高淳还打造了 "一乘" "二网" "三提升" 服务体系，建成了城际、城区、城乡 "零换乘" 公共交通枢纽，基本建成了城市、城乡、镇村三级配套的公共客运交通运输网和村（农、副、渔）、

高淳慢城农家乐

镇（物流综合服务站、乡镇客运站）、区（以螃蟹为首的农副产品物流基地）三位一体的物流网，完成了公交车提档、公交站提升和同城公交提质工程。目前高淳城乡道路客运一体化已

高淳慢城特色民宿

达 5A 级，让农民真正享受到城镇居民的公共交通福利。

这些举措助推了当地民生创业，通过"淳聚计划"，累计吸引回乡自主创业 338 人，带动 1407 人就业。全区 64 个欠发达村，至 2018 年底已经达标 36 个，转化率高达 56.3%。

"慢城绿道"品牌深入推广

高淳充分结合当地资源禀赋、生态优势、产业特色、历史人文、风土人情等，形成三大主题片区：以石臼湖和固城湖为依托的乐活水慢城，以固城老街、千年固城为特色的千年文慢城，以国际慢城、游子圣境为

"我家门口那条路"江苏展示周高淳站启动仪式现场

组图：高淳人拍摄百姓心中最美的慢城农村路

重点的自在山慢城，三大片区独具差异化特色。

高淳还从游客和居民两个角度，从漫游憩、享生活、怡乐业三方面来实施品牌创建推广。

漫游憩方面，高淳将构建全域旅游公路环服务自驾游、打造特色旅游公交线完善公共交通、建设慢行线服务慢行交通，打造"快进慢游"的服务体验。

享生活方面，打造"三主四辅多点"的驿站系统，同时建设如露营地、房车营地等多样化服务设施，体验舒适、多样的生活。

怡乐业方面，着力解决"最后一公里"物流梗阻，实施"快递进村"工程，针对重点特色村，打造产业集聚路，强化农路对其产业集聚发展。

为做好"慢城绿道"农村公路品牌推广，高淳还将深入挖掘品牌内涵，广泛宣传、推广高淳农村公路之美，让更多的人了解高淳，了解高淳乡村，共同来高淳织造幸福。

展示周精彩瞬间

1. 区长推介"四好农村路"

南京市高淳区人民政府常委、党组成员邢先文推介高淳"四好农村路"。高淳是国际慢城联盟授予的中国首个"国际慢城",是国际慢城中国总部所在地。高淳区先后完成了县、乡、村农村公路提档改造工程350千米,全区134个行政村"村村通"双车道四级及以上公路。

2. 参观高淳陶瓷博物馆

我家门口那条路 V

8月6日 17:20 来自 专业版微博

#我家门口那条路# 【江苏展示周·高淳 | 来国瓷小镇"嗨一夏"】你见过5000多年前的古老瓷器吗？想亲临"国宴现场"感受国瓷魅力吗？位于高淳区经济开发区荆山路的陶瓷博物馆满足你的遐想。在这里，您不仅可以了解深厚的陶瓷文化，还可以体验拉坯、捏瓷、上釉、画瓷等陶艺制作过程。 我家门口那条路的微博视频

阅读 7457   推广   1032   84   609

高淳陶瓷博物馆于2018年7月5日开馆，高淳通过博物馆向国内外游客介绍中国数千年的灿烂陶瓷文化，展示中国当代国瓷发展的辉煌，打造集文化体验、互动参与、研学旅行、休闲购物于一体的国际研学旅行基地。一条农村公路将四面八方的游客引至门口，开启一场"陶瓷之旅"。

47

3. 参观螃蟹博物馆

2017 年，国内首家中华绒螯蟹博物馆在高淳建成，该馆展示了世界各地螃蟹生物、医学、文化、饮食知识，以及高淳生态养殖模式与青松联社发展史，建筑面积达 2268 平方米。

4. 坐着公去环山

高淳区目前镇村公交、通行政村公交通达率100%，形成了"通村""进山""连水""进城"的公共交通保障网。其中，双牌石新车站位于高淳区漆桥街道，距离城区约20千米，是周边桠溪、漆桥、古柏等镇街的交通枢纽站，承担着近一半高淳百姓的客运中转任务，也是全省最大的位于集镇的客运站。

5. 儿童涂鸦活动

高淳区交通运输局联合当地教育机构在慢城南路上开展了"我家门口那条路"儿童眼中的美丽高淳活动。孩子们用纯真涂鸦出他们心中家乡的农村公路。

为庆祝中华人民共和国成立 70 周年，高淳区交通运输局举办"交通颂初心 农路担使命"主题活动，总结高淳"建好、管好、护好、运营好"农村公路实践经验。

7. 参观抗日民主政府大会堂纪念馆

随着农村公路通村达户，"红色堡垒村"西舍村变了样！

1944年6月，中共苏南三地委决定精兵简政，溧水、溧阳、高淳合并，成立中共溧高县委，同时成立溧高县抗日民主政府，政府所在地安兴区西舍村，也就是如今的高淳区桠溪镇西舍村。

走进西舍，穿梭在乡间小路，浓郁的红色文化气息扑面而来，随处可见的红色主题绘画、正能量满满的红色宣传语，激情燃烧的岁月造就了西舍人红色的情怀。

聆听了感人肺腑而又振奋人心的革命史实，思想深处又一次接收了党性的洗礼，实地感受到了革命先辈们坚定的理想信仰和不畏艰险的崇高情怀。

江宁篇

1

2

1 江宁有条"小川藏线" 2 绿野仙踪板汤线

3

4

5

3　浦口金桥路
4　南京江宁区东山街道佘村的"宁径"彩虹
5　光华路

江宁
"宁径"织造
幸福农路网

文/图　江宁区交通运输局

　　近年来，江宁区全面贯彻落实习近平总书记关于加强"四好农村路"建设的重要指示精神，投资近30亿元，精雕细凿提档升级农村公路950千米，2018年获评"'四好农村路'全国示范县"。全区农村公路1859千米（其中：县道452千米，乡道935千米，村道472千米）串联起"中国最美休闲乡村"黄龙岘茶文化旅游村、石塘互联网小镇、秣陵苏家文创小镇、大塘金香草小镇、汤山七坊、秣陵杏花村等。

　　2013年以来，江宁区深入实施农村公路提档升级工

江宁区板汤线佘村至龙尚段号称"小川藏线"

　　程、生命安全防护工程、林荫大道建设工程、农村公路品质工程、城乡公交一体化通达工程，实现了城乡畅达、高效出行，实现了与现代农业、乡村旅游、美丽乡村的高品质融合，实现了绿水青山到金山银山的华丽蝶变。特色田园乡村建设全域推开，钱家渡、徐家院、王家、观音殿4个村建设完成，淳化东龙入选第二批省级试点。创成市级美丽乡村示范村21个，覆盖率达75%，谷里街道获评中国最美村镇·乡村振兴榜样奖。成功举办江苏省第九届乡村旅游节，茶乡星谷、云水涧等一批精品民宿成为新亮点，晋级省乡村旅游创新发展示范区。农村人居环境综合整治、农路提档升级和危桥改造工作统筹推进，获评"四好农村路"全国示范县。溪田田园综合体五大功能板块初步形成，金谷田园综合体加快建设。举办首届"中国农民丰收节"系列活动，打造"善田江宁""横溪味道"等农产品品牌，新增农业龙头企业20家、示范家庭农场37家，改造为农服务社、农家店50家，区供销社位居全国百强县级社第三。

　　江宁用"宁径"织造了一张承载希望的幸福农路网，它便捷了群众出行，带动了产业发展、助力了乡村振兴，让人民群众实实在在感受到了"家门口的幸福"。

　　2019年8月，"我家门口那条路"江苏展示周活动走进江宁，中央、省、市、区各级30多家媒体和江宁人民

启迪大街

一道感受家门口的"四好农村路"，体验了实施乡村振兴战略给江宁百姓带来的便捷与幸福。

8月8日，"记者团"先后参观了牛首山、大塘金、观音殿、黄龙岘、石塘人家、溪田生态农业园等，并在溪田对农路助力乡村产业发展进行采访。8月9日，"记者团"乘坐979路公交车体验镇村公交出行，先后参观了汤山矿坑公园、汤山国家地质公园博物馆、汤家家、汤山七坊，车览网红"小小川藏线"，并在佘村进行采访。同时，江宁区还举办了最美农村公路骑行宣传活动——"骑行在乡间的小路上"，切身感受了江宁打造农路品牌服务乡村振兴的成效。

目前，江宁美丽乡村路已逐渐成为江宁农村高质量发展的新品牌。一路追梦，宁径织美。取"宁"字代表江宁，取"径"字代表农村公路，取"织"字表达了江宁区农村公路建设的理念，"美"是今后江宁农村公路高质量发展的目标，致力打造科技美径、创新美径、风景美径、产业美径。

下一步，江宁区将深入贯彻落实中央省市相关要求，进一步加大"宁径织美"四好农村路品牌建设力度，以服务生态文明现代化、文化发展现代化，打造江宁绿色人文交通项目创新江宁样本，推动城乡交通高质量发展为工作目标，以"农村公路＋生态"为发展模式，将打造"四美"宁径作为品牌特色和发展路径，让"四好农村路"更好地服务和支撑乡村振兴战略实施。🌿

展示周精彩瞬间

1. 走进大塘金——南京山水芳香第一村

2013 年，大塘金依托山水林居自然风貌，展示历史人文积淀，打造以养生文化为内涵，融花草体验、康体运动及薰衣草综合产业为一体的生态旅游特色村，为江宁区又添一新"金花村"，被誉为南京山水芳香第一村，是全市休闲养生首选地。目前，大塘金已经获得江苏省四星级乡村旅游点、2014 年中国最美田园薰衣草景观、2016 年自驾游基地等荣誉称号。

2. 观音殿村植入非遗文化

观音殿村位于江宁区秣陵街道元山社区西部，是江宁西部乡村绿道与银杏湖旅游道路交会节点上一处灵秀的自然村落。村子打造了台湾薰衣草森林和青创种子村项目，将非遗文化整体植入生活生产生态中。

3. 牛首山交旅农大融合

"一座牛首山，半部金陵史"，献花岩、南唐二陵、郑和墓等历史文化遗存星罗棋布其中。牛首大道快速化改造工程实施以来，农业、旅游产业带动效果明显。开园三年来，累计接待海内外游客超过 500 万人次，荣获中国森林生态环境服务认证，被评为"中国森林养生基地"。

石塘人家位于南京市江宁区横溪街道石塘社区北面, 是后石塘村项目改造后的新村名。获得了"中国十大美丽乡村""中国乡村旅游模范村""中国魅力新农村十佳乡村""全国美丽宜居示范村"等荣誉。

石塘人家自然景观独特、人文历史同现代休闲交相辉映,融观赏、体验、生态及历史价值为一体,极具发展潜力。村中狮背伞、星满塘、王氏古井、施万户古宅等历史遗存,为富有古韵的石塘增添了一抹神秘色彩。

5. "农业+N"的田园综合体

南京溪田田园综合体围绕田园农业这一基础,全面加强"生产、产业、经营、生态、服务、运营"六大体系建设,本着"强一产、长二产、精三产"原则,深入发展"农业+N"多元化产业链,努力打造溪田田园综合体。

6. 黄龙岘：特色乡村茶庄

黄龙岘村共有茶叶2600多亩，依托农村公路着力打造融品茶休憩、茶道、茶艺、茶俗、茶浴体验、茶叶展销－研发－生产、茶宴调理、特色茶制品购买为一体的乡村特色茶庄，以茶文化展示为内涵，倾力打造金陵特色茶文化休闲旅游"第一村"。

海门篇

1

2

1 玲珑湖路
2 海创路

1

1 正麒线

海门

江海叙 又一季

文 / 图　海门市交通运输局

江海门户繁荣小城

　　海门市地处江苏省东南端，东临黄海，南倚长江，与上海隔江相望，位于长三角沪苏通经济圈核心区域，是紧邻上海的环沪城市，是建设"上海大都市北翼门户城市"的前沿阵地，更是传递南北资源要素流通的关键平台。海门全市总面积 1149 平方千米，总人口近 100 万，下辖 12 个区镇。2019 年上半年，实现地区生产总值 687.8 亿元，工业应税销售 562.4 亿元、工业入库税金 21.7 亿元，服务业应税销售 284.9 亿元，实际到账外资 1.8 亿美元。海门是苏中苏北首个小康达标县市，名列"2019 全国县域经济百强"第十五位，列江苏第七、苏中苏北第一，荣获 2018 年度江苏省"推进高质量发展先进县（市、区）"。

打通乡村振兴"大动脉"

　　作为经济建设和社会发展的"脊梁骨架"和"血脉通道"，农村公路在整个国民经济发展中的地位和作用日益凸显。"道路通，百业兴"。为促进经济和社会发展，海门秉承筑路惠民、产业兴城的理念，按照"农村公路＋产业"的发展模式，将农村公路建设作为推动区域经济高质量发展的长远投资，提前布局并开展新一轮农村公路网规划，形成以农村产业集聚区和新型农村社区为节点，干线公路为承接，经纬分明、主次有序、功能完善的网格状高水平农村公路网，推动农村公路发展方式由粗放型向精准型转变。自 2003 年以来，先后建成农村公路 2000 多千米、桥梁 600 多座。2013 年起，启动提档升级工程，依托现有资源对原有农村公路实施改造。目前，海门境内有一级公路 389.092 千米，二级公路 110.567 千米，三级公路 239.881 千米，四级公路 1783.209 千米，等级公路密度率达 2.5 千米 / 平方千米，行政村双车道四级以上农村公路通达率达 100%，基本形成了"八横十纵"的干线公路网络。获得交通运输部、农

正麒线与常久线交叉口

海门市沿江公路

业农村部、国务院扶贫办三部委联合颁发的"四好农村路"全国示范县荣誉。2019 年 7 月，被评为江苏省首批农村公路品牌创建优秀成果。

网格化带动全市
产业结构升级

海门下大力气发展农村公路以来，成环成网的等级公路网络充分发挥吸附效应和投弹效应，促使资源、要素向公路沿线和交通节点聚集，逐渐成为海门招商引资的硬件优势，拉动沿线地区产业发展，直接推动海门全域经

济的多元化发展和产业结构升级。2018 年，海门累计签约超 10 亿元项目 22 个，实现到账外资 3.25 亿美元。招商局豪华邮轮制造等 4 个项目成为省级重大产业项目。2018 年新开工亿元以上项目 114 个，其中超 10 亿元重特大项目 18 个，列南通第一。全市高新技术企业增

临东线

至 156 家，高新技术产业和新兴产业产值占比分别达 56.2%、36.1%，获评"全省推进制造业创新转型成效明显地区"。京海禽业一项目荣获国家科技进步奖二等奖，实现了海门历史上国家科技进步奖零的突破，"千人计划"专家自主申报实现零的突破，人才综合竞争力跻身全省八强。

"农村公路 + 产业" 典型案例

海门市一条条农村公路打通了乡村振兴的"快车道"，成为产业集聚之路、农民富裕之路、便民惠民之路。

一条农村公路牵出时代传奇，小小县城竟藏多项"大国重器"。7 月 15 日，我国首制极地探险邮轮试航成功回到招商局重工（江苏）有限公司海门基地码头，7 月 18 日，第二艘完全自行设计的半潜式重吊生活平台成功出坞。邮轮制造、半潜式重吊平台制造，代表当今海工装备最高水平，堪称我国"2025"制造业的技术担当，是名副其实的"大国重器"。

招商局重工（江苏）有限公司海门基地位于海门市经济技术开发区，十多年前的基地所在地曾是一片荒滩，由于没有像样的道路连通，沿江大片农田和岸线

三厂路

资源闲置。2003 年，开发区第一条一级公路大港路建成。随后，海门市结合当地资源优势，先后规划建设了苏州路、大达路、珠海路、深圳路、广州路等横向等级农村公路和叠港公路、新安江路、长乐路等纵向走廊通道，打通了西南沿江地区运输闭塞环节，梳理出沿江制造产业发展脉络。2013 年，招商局重工正式签约落户海门，2018 年 10 月 19 日，招商局重工（江苏）有限公司与海门市政府签署邮轮产业发展战略合作协议，豪华邮轮制造基地、豪华邮轮配套产业园、国际邮轮城合作协议同步签订，拉动海门地方经济产值超 2000 亿元。

在开发区，不单单只有一家像招商局重工（江苏）有限公司海门基地这样生产"大国重器"的企业。在开发区叠港公路两侧，还分布着豪华邮轮产业园、智能装备产业园、现代建筑产业园和謇公湖科创中心等四大平台十多个重特大项目。其中，海工装备业的翘楚——海新重工建设的两艘 $6500m^3/h$ 绞吸船"新海旭"，是全球最大海上非自航绞吸疏浚设备，其多项核心技术由国内自主研发，具有完全自主知识产权，多项技术世界领先。2019 年年初，海新重工参与的上海大型绞吸疏浚设备的自主研发和产业化项目获得中国机械工业科技特等奖。

如今，开发区的海工装备、智能制造、现代建筑等产业集群正在加速构建，2019 年上半年，开发区高新技术产业产值占规模以上工业产值比重达 59.6%。

沿海东港路

农村公路增加农民隐形财富，助力村级经济引进来走出去。自从农村公路修到田间地头后，余东镇长圩村搞起了农产品合作社，建起了占地1000多亩的农产品种植园，并在上海开设了2个农产品销售窗口，实现了农产品的直销，带动了周边村民脱贫致富。

"以前要靠肩挑背扛小车推，才能将农产品运到大路上，如今卡车开到农田边。"长圩村10组村民朱勇由于父母年老体弱，自己又没有固定收入，原先是村里有名的贫困户。后来，在村干部的帮助下，承包了10亩大棚，成为合作社社员，现在家庭人均年收入已经达到8万元，实现了从贫困到小康的转身。

农村公路也推动了现代农业的崛起，近年来，海门市累计投入3.8亿元，在海门高新区智谷绿海生态农业园内建成6米宽双车道沥青主干公路8.5千米、4.5米单车道水泥混凝土路6千米、改造桥梁6座，引进了望旺农场、都市园林玫瑰园、天籁村生态枇杷主题农庄等项目农业，一个现代化的农业园区已经形成。

在加速推进农村公路建设过程中，海门市始终将老百姓的幸福感和获得感作为农路工作成效的"第一标尺"，结合各区镇的区位特点和产业布局，推动"农路＋空间"的转移和"农路＋产业"的结合。2018年末，城乡居民人均可支配收入分别达到4.79万元、2.46万元，全市人均储蓄约8万元，位居全省第一。

拉开港城发展框架
小渔村实现华丽蜕变

海门港新区的前身，是位于海门境内最东北角的东灶港乡。小镇东临黄海，原本只是一个九

绿廊东三线

曲七十二弯的小渔村，虽拥有大自然赠予的宝贵财富——小庙洪深水航道，但处于海门交通神经末梢，严重制约了这个海港小镇的经济发展。2007 年，海门市在东北片区规划实施了港西大道和发展大道，搭建临港产业发展的十字框架。2012 年，海门实施了新一轮区域调整，东灶港镇、包场镇、刘浩镇合并设立了海门港新区。从东灶港到海门港新区，变化不仅在字面上。2012 年，南通沿海首个 5 万吨级通用码头在海门竣工投用，全长 1280 米的华夏第一龙桥，是海门东灶港蜕变的见证。

2012 年 4 月，燕达重工开工建设，成为落户海门港新区围垦区域的第一个重大装备项目。2012 年底一期工程竣工投产，创海门港新区大项目投产最快纪录。

为当好服务企业和项目的"店小二"，海门港新区先后布局实施了津海路、沪海路、闽海路、扶海路、海富路、海盛路、海世路、海民路等 30 多条高等级农村公路。美国泰森等世界 500 强企业及中石油等一批央企项目成功落户，燕达重工、远威重工、通光海底光缆等重量级临港产业接踵而至，逐步形成了新能源、新材料、电子信息、现代高端装备、节能环保、机电、绿色食品及现代服务业七大产业板块。

同时，新区东北部海域有一座世界上独一无二的天然两栖生物岛——蛎岈山，是全国第八个"国家级海洋公园"。海门市以蛎岈山国家海洋公园为核心，加快推进渔港风情街、海鲜一条街、通东文化产业园、城市森林公园、张公堤垦牧遗址公园等项目，努力打造集海上观光、海上运动、渔港海鲜、田园风光、历史人文、教育科普等为一体的长三角临港特色旅游目的地。

新区拥有黄金海岸线 25 千米，已获交通部批准的 2 万 ~ 5 万吨泊位 64 个，其中可建 5 万吨级以上深水码头泊位 36 个。目前，新区建成的南通沿海唯一的 5 万吨级通用码头已正式投入运行，2013 年开通了南通沿海第一条集装箱航线。

以建设中国（海门）海产品国际贸易中心为目标，海门港新区大力推进东灶新河及新建套闸工程，加快建设东灶港国家级中心渔港，提供全天候进出渔船，可容纳 2000 艘渔船同时停泊。占地 3000 亩的渔获交易市场和深加工基地正在加紧规划建设，建成后的国家级中心渔港将成为南黄海沿岸大型渔获集散中心之一，并形成海产品深加工支柱产业。

自此，海门港新区现代工贸中心、港口物流中心、生态旅游中心、渔获集散中心的发展框架全面构建，搭上产业集聚、经济腾飞的巨轮，实现从一个小渔村到沿海重要经济增长极的华丽蜕变。

展示周精彩瞬间

春江连月环线主要以"先进制造＋科技生态"为主题，联结东部片区多个科创产业园，具体节点包括机器人产业园、东方教育装备产业园、海门科技创业园、崇明岛海永镇生态养老产业等。

2. 海永镇：农村公路 + 生态休闲

海门"四好农村路 + 生态休闲"产业，陆岛相连，屿我同行，轻舟欲试。走进海永镇，感受花香海永的高端文旅和康体养生，体验生态江岛的别样风清。

3. 绿海升潮环线

2019 年以来，海门围绕"江海叙·又一季"品牌，以"农村公路＋产业"为主题，重点打造了"绿海升潮"和"春江连月"两条特色品牌环线，承载着江风海韵的浪漫情怀。

4. 足球小镇

2019年8月12日上午，海门展示周活动在海门市足球小镇举办。海门"四好农村路＋青少年足球"产业覆盖小镇，农村公路畅安舒美，吸引绿茵少年接踵而来。目前，足球小镇已输送国少、国青集训小国脚90余人。

5. 童心童眼绘农路

海门举办了"我眼中的美丽家乡"十米长卷儿童画比赛，孩子们画下了他们心中家乡的样子。童心童眼看农路，为小画家们点赞！

丹阳篇

1

2

1　镇江丹阳市丹宝线（摄影：陈晨）
2　镇江丹阳市丹上线（摄影：朱江慧）

1

2

3

1 丹阳"杉水乡韵"农村公路
2 镇江丹阳 X103 水杉大道（摄影：朱云燕）
3 余晖映乡韵

丹阳 镜彩农路 丹凤朝阳

文 / 图 丹阳市交通运输局

丹阳古称曲阿，后取"丹凤朝阳"之意而得名。6000多年的文化积淀，2400多年建城史，让丹阳这座历史文化名城洋溢着浓厚的文化气息。齐梁故里，人文荟萃，经济发达。丹阳综合实力和工业经济均位列全国百强县第15位，先后获得"长三角最强中国制造"县市、"长三角最具投资价值"县市、"全国文明城市""全国卫生城市""中国和谐城市"等一系列高品质荣誉称号。

访上线

一直以来，丹阳始终坚持将农村公路作为促进城乡统筹发展的核心工作。2018年，被交通运输部、国务院扶贫办、农业农村部联合评为全国"四好农村路"示范县，得到全市百姓群众一致好评。截至2018年，丹阳共有农村公路2103.788千米，其中县道411.456千米、乡道680.631千米、村道1011.701千米。

近年来，丹阳以"镜彩农路，丹凤朝阳"为主题，以现代化生态农业为自然基底，着力打造一条集文化展示、产业推广、景观配套等多功能融合，传播社会主义核心价值观的新型田园"乡镇风貌示范带"。丹阳以当地历史文化为背景，宣传"古吴之城"的自我特色，以江南式田园水乡风情为基调，配合周围或生态、或现代的农田种植和乡镇发展，展现当地人民富足惬意的生活。结合当地诚信、工商、农业等文化，为每段路制定"辉映朝阳""杉水乡韵""田园牧歌"等主题。全线做到道路标线统一化、沿途民居整洁化、配套景观特色化、沿线绿植乡野化，着力营造人、路、自然和谐共生的交通环境。

丹阳还积极推进"农村公路＋"模式，将农村公路与综合交通运输体系、乡村旅游、产业发展、现代农业、田园综合体、特色小镇等结合，由"通上车"向"富一方"转变，由"交通线"向"风景线"转变，实现农村公路这个"平台"效用的最大化，逐步

2018年，丹阳市被交通运输部、国务院扶贫办、农业农村部联合评为"四好农村路"全国示范县

构建美丽公路与产业经济、人居环境、精神文明相融合的发展模式，擦亮"四好农村路"示范县"金字招牌"。

比如，司徒镇生态大道主题被定为田园牧歌，打造民间文化广场、农耕节气长廊等特色节点，使得以生态大道为主线的现代农业产业园区生态良好，交通便捷，为园区发展生态休闲农业创造了得天独厚的条件，2018年园区年销售达5.6亿元，带动周边6个村1300多名农民增收致富。

在农村公路品牌建设提升经济发展的同时，丹阳还不断促进美丽乡村建设，成功创建美丽乡村20个，进一步营造了舒适优美的乡村环境，为增进乡村旅游业发展提供基础保障。九里村、柳茹村等特色古村落终结

了以往藏在"深山无人识"的尴尬，逐渐在全国小有名气。农路的新建、旅游人次的增加，也使得当地"稻鸭共作"特色产业得到了发展，从原先的1100亩，增加至2500亩，带动1500人脱贫致富。

8月16日、17日，"我家门口那条路"江苏展示周活动走进丹阳，新华社、中央电视台、中新社等中央、省级、市级媒体，网络自媒体等组成的"记者团"和丹阳人民一道感受家门口的"四好农村路"，深度体验实施乡村振兴战略给丹阳百姓带来的便捷与幸福。

为期两天的活动，"记者团"及领导嘉宾沿途车览镜彩农路，参观丹阳中国眼镜博物馆及丹阳海昌万新两家眼镜龙头企业，了解伴随着"四好农村路"建设的丹阳眼镜行业的发展，以及参加生态大道"低碳生活、绿色出行"公益主题骑行等一系列展示活动，感受丹阳打造四好农路服务乡村振兴的成效。

多年来，丹阳市委、市政府深入贯彻落实关于"四好农村路"建设的重要批示精神，把打造"四好农村路"

与建设美丽乡村相融合，与城乡经济共发展，全面推动"农路＋"战略，为实现"畅、安、舒、美"的特色致富路、平安放心路、美丽乡村路、美好生活路的发展目标，不断前行。

据统计，2013 年至 2019 年，丹阳市共计投入 44 亿元，新建县道里程 52 千米，农路提档升级改造 600.132 千米，危桥改造 72 座，农村公路安全生命防护工程 870 千米。全面建成农村客运站 6 座、首末站 14 个、农村候车亭 829 个，开通镇村公交线路 28 条，建立起了以 12 个建制镇为镇村公交中心节点、连接周边相邻乡村为片区的镇村公交区域性网络，实现了所有行政村镇村公交的全覆盖，为百姓出行提供高品质服务。

丹阳不断推动农村公路与乡村旅游、现代农业、田园综合体、特色小镇等融合发展。立足城乡全域发展，倾力打造"镜彩农路，丹凤朝阳"农村公路品牌，打造眼镜之都的农村公路大格局。先后建成了新司线、丹宝线、丁新线、丁延线、生态大道、访上线等一批美丽农村路，全线道路标线统一、配套景观特色不一、沿途民居整洁、绿植生态多样，提升了经济发展的同时，也不断促进美丽乡村建设，成功创成美丽

镇江丹阳市九曲河庆丰桥附近

镇江丹阳市丹西路河阳段

乡村 20 个，加速了丹阳"四好农村路"由"交通线"向"风景线""通上车"向"富一方"的华丽转变。

"四好农村路"的相继建成通车孕育了一大批功能性的物流园区、农村物流点，让农产品进城和工业品下乡的双向流动越发顺畅；让以司徒镇生态园为代表的特色农产品走出了田埂地头，走向了城市各个角落；更是让极具代表性的茅山老区——延陵镇拨云见日，涌现出九里季子庙特色文化景区、"最美乡村"称号的九里新村、特色有机稻鸭大米、始建于南宋的"中国传统村落"柳茹古村落、建于民国初年的贺甲战斗纪念馆的红色旅游景区等一系列特色亮点，也让延陵获得了特色旅游古镇、现代农业重镇的美誉。

为了保障农民安全出行、乡村安健发展，丹阳交通

丹上线（摄影：马国正）

人不论在"建、管、养、运"的哪一个阶段，都始终紧扣"安"来做文章，结合丹阳实际，创造性提出"四好农村路"建设的"丹阳模式"，积极探索农村公路桥梁管理新思路，建立桥梁管理及健康系统，对所有农村公路桥梁建立数据中心，进行实时健康安全监测。在全国范围内率先开展了路政养护联合巡查机制研究，推行了"路政中队驻点办公""路长制""路面巡查与案件查处分离"等制度，同时还积极探索"公路群管网络模式"，结合就业帮扶、脱贫增收，主动开发了一批乡村道路保洁员、公路养护工等公益性岗位，真正形成了全民参与的良好氛围。仅延陵镇就选聘了38名乡村道路保洁员，负责85条乡村公路的养护保洁工作，确保农村公路"路路有人管，路路有人养"，保持全市公路的安全畅通。并多部门合作合力做好路田分家、路宅分家及平交道口渠化改造工作，做优路域环境，建实应急体系，筑牢生命防护工程，全面打造农村平安放心路，实现"村村通"到"路路安"的优美转身。

铺下的是路，竖起的是碑，连接的是心，通达的是富。

下一步，丹阳市将深入贯彻落实中央、省市相关要求，深入践行"绿水青山就是金山银山"理念，充分发挥"镜彩农路，丹凤朝阳"农村公路品牌引领作用，将"四好农村路"打造成造福一方百姓的特色致富路、平安放心路、美丽乡村路、美好生活路，让"四好农村路"更好地服务和支撑乡村振兴战略。

展示周精彩瞬间

1. 市长推介"四好农村路"

丹阳市委副书记、市长黄万荣代表丹阳市委、市政府为本次"四好农村路"丹阳展示周活动致辞。近年来，丹阳在建设"四好农村路"进程中，全面推进"农村公路＋"战略，倾力打造"镜彩农路，丹凤朝阳"农村公路品牌，让公路文化融入地方特色。欢迎大家来丹阳，领略历史文化、体验风土人情。

2. 生态大道上的公益骑行

8月16日下午，"我家门口那条路——低碳生活 绿色出行"公益骑行活动在生态大道举办。践行环保理念，推广绿色出行，百余名丹阳自行车骑行爱好者参加了此次活动。

3. 快闪《我和我的祖国》

丹阳市交通人用"快闪"活动献礼中华人民共和国成立70周年，大家挥舞着手里的小国旗，共同唱响《我和我的祖国》，用最真诚的歌声唱出对祖国的热爱与祝福。

4. 到丹阳配眼镜去！

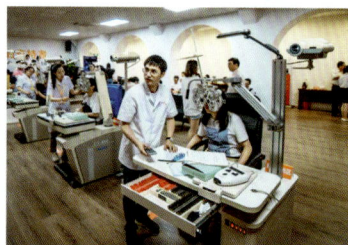

说起丹阳，很多人的第一反应就是"配眼镜去"！没错，丹阳——帝王故里，眼镜之都。产业跟着公路走，公路促进产业活，司徒全镇拥有眼镜企业近 400 余家，是世界最大的镜片生产基地。

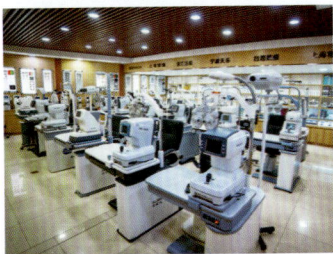

2019 年 8 月 16 日上午，在丹阳展示周活动中，媒体嘉宾走进参观丹阳国际眼镜城、丹阳中国眼镜博物馆，了解伴随着"四好农村路"建设的丹阳眼镜行业发展史。

6. "议农路、话发展"主题座谈会

2019年8月17日上午,丹阳"议农路、话发展"主题座谈会在超力生态园举行。在展示周活动期间,丹阳全力展现了"镜彩农路 丹凤朝阳"农路品牌的特色。座谈会上,数十名与会领导、专家、企业代表和镇村基层代表交流沟通,从不同角度为丹阳农村公路高质量发展建言献策。

金坛篇

1

1　金坛 2019 年新建四条高等级农村公路
2　金坛区于 2018 年被评为"四好农村路"江苏省级示范县

2

1

2

1 金坛区"乐道金坛"入选江苏省首批农村公路"一县一品牌、一区一特色"成果
2 金坛区依托"乐道金坛"农村公路品牌建设，探索出了一条"田园生金"乡村振兴之路
3 仙姑村位于茅山脚下
4 农村公路助力仙姑村农家乐向吃、住、玩、游、购、娱发展

金坛

乐道金坛

文 / 图　金坛区交通运输局

"乐道金坛"的创建，以"农村公路＋生态文化旅游"为总体定位

近年来，金坛区高度重视农村公路的品牌建设，围绕"畅、洁、绿、美、安"的要求，全面加大了农村公路的建设、管理、养护和运营等方面的工作力度。截至目前，全区农村公路总规模达到2037.1千米，行政村双车道四级公路覆盖率达100%，规划发展村庄等级公路

通达率为100%。县道和重要乡村道基本实现了"路田分家、路宅分家"，县道、乡村道宜林路段绿化率分别达到100%、95.8%，与沿线特色建筑小品一起，将农村公路打造成一道道亮丽的风景。

金坛还建立了科学规范的农村路养护体系，专门出台《金坛市农村公路养护管理办法》，以确保等级公路列养率和经常性养护率达100%，全区县道、乡村道的优良中路率分别达到99%、96%。

构筑了便民惠民的农村路运输体系。2012年全区镇村公交开通率已达到100%，自2014年起全区已连续4年获得江苏省城乡道路客运一体化发展水平5A级标准，行政村村邮站覆盖率达到100%，解决了农村物流服务的"最后一公里"。

围绕"乐道金坛"品牌，当地还积极创建多元化发展模式，着力打造"农村公路＋生态文化旅游"，以"彰显优势、支撑经济、传承文化、特色鲜明"为基本原则，结合金坛"现代产业集聚地、生态旅游休闲地、宜居宜业幸福城"的区域定位，确定金坛应大力发展"农村公路＋生态文化旅游"的品牌，放大山水交融、人文荟萃的特色优势，助力金坛乡村产业转型升级，促进富民兴区。

根据特色资源分布情况，金坛着力打造"茶香道韵""红色传承""人文园艺""水乡风情"四大特色主题片区。其中，"茶香道韵"主题将重点突出道家休闲养生、茶叶、农业等元素，展现片区茶香弥漫、道韵悠长的特征；"红色传承"主题重点突出红色精神和浪漫田园情怀；"人文园艺"主题将重点突出人文、花木等元素，展现片区人文荟萃、花木摇曳的特征；"水乡风情"将重点突出湖景、湿地等元素，展现片区水乡掠影、湿地风情的特征。

下一阶段，金坛还将根据区域定位的变化、经济的发展、乡村产业的转型做好管理与更新，提高多元化主体共同推动当地农

"乐道金坛"也有"乐到金坛"之意，成语取自"津津乐道"，谐音"金金乐道"，是畅行享游之乐、儒风雅韵之乐、安居幸福之乐，也是产业兴旺之道、富民强区之道、筑梦复兴之道

村公路品牌创建的积极性，让广大群众深入了解、积极支持、主动参与品牌的建设工作，营造全民推进品牌建设的氛围。

金坛区已形成了"一环两轴四片多联"为路网布局的"乐道金坛"农路品牌

展示周精彩瞬间

1. 区长推介"四好农村路"

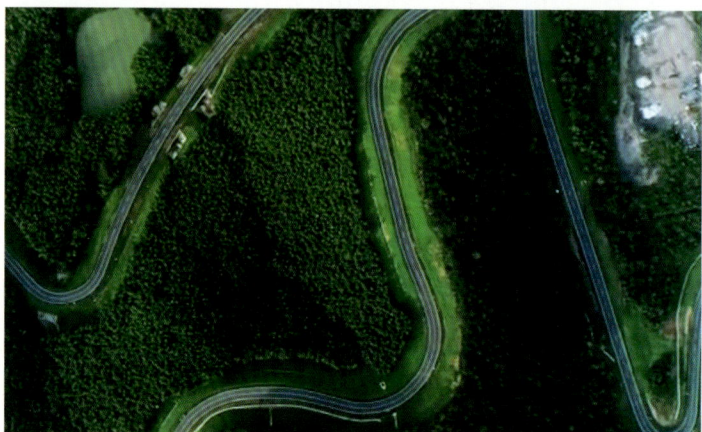

常州市金坛区区委常委、常务副区长陶伟欢迎各位朋友,来金坛的"四好农村路"走一走。"有朋自远方来,不亦乐乎?"踏"乐道金坛"而来,宾至如归。

我家门口那条路 V

8月23日 14:45 来自 360安全浏览器

【江苏展示周·金坛 | 绿野仙踪，十里长诗飞扬】截屏感受一下七月#最有诗意的路#有多"仙儿"！乐道金坛之绿野仙踪，全长30公里，蜿蜒穿行于茅山山水之间，沿途山静水幽，松青竹翠，古树参天。沿途游览，不仅可以行走在绿意盎然的村野，蜿蜒穿行于山水之间，领略独具特色的自然禀赋和田园风光；也可 ...

展开全文 ∨

绿野仙踪

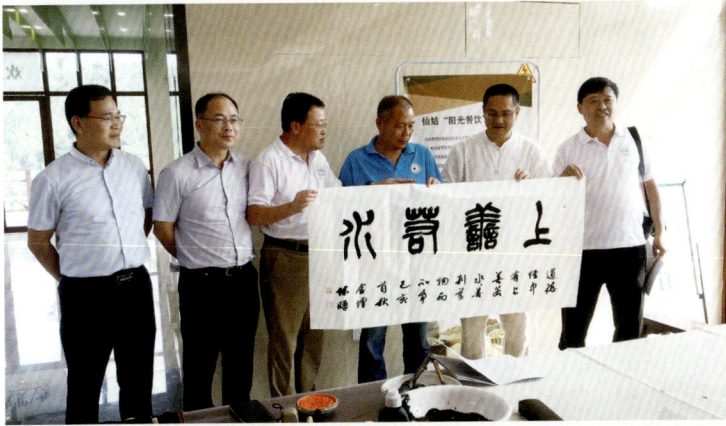

"乐道金坛"之"绿野仙踪"路，全长30千米，蜿蜒穿行于茅山山水之间，沿途山静水幽，松青竹翠，古树参天。沿途游览，不仅可以行走在绿意盎然的村野，蜿蜒穿行于山水之间，领略独具特色的自然禀赋和田园风光；也可以品尝地道农家美食，观赏花神园四季丰姿，感受金坛百里茶香，领略民俗文化。

3. 媒眼"探"产业路

8月19日，近50名媒体人走进金坛，用媒体人的"眼光"，多角度捕捉金坛农村公路助力当地产业发展。

4. 快闪拼图

金坛交通人用15辆公交车和108名社会志愿者"拼"出巨幅"LDJT（乐道金坛）欢迎您"。构图大气，绝对震撼！

月度评选篇

#最今非昔比的路#

Roads

2019年8月31日下午18时，"我家门口那条路"主题活动"最今非昔比的路"月度网络评选揭晓。江苏省作为当月的展示省份，有"杉水乡韵"和慢城线2条农村公路入围。34条来自河北、福建、江西、甘肃等省份的农村公路获得提名。活动旨在晒同一条农村公路的今昔对比，感受农村公路发展带来的幸福感和获得感。

票数 246.1万

最今非昔比的路

【河北省邯郸市复兴区百里景观旅游大道】

1959年国家领导人视察邯郸时指出："邯郸是要复兴的。"复兴区由此得名。邯钢、新兴铸管等大型国企奠定了复兴区工业立区的基础。但是也使沁河沿线区域的煤场、料场等小散乱污企业增多，大车货车通行量大，造成公路路面损毁严重，两侧都是黑泥、黑土，群众出行都冒着扬尘、灰头土脸。近年来，复兴区围绕创建"邯西生态区"这一战略目标，拆除了小散乱污企业，打造了园博园片区、沁河生态片区、沁水源风景区、康湖生态片区、京商生态片区等五大片区，生态绿化总面积6万余亩，在此基础上新修了百里景观旅游大道，该路途经2个乡镇、15个村，全长49千米，全部按照乡道三级路标准修建，铺上了沥青路面，两侧全部高标准生态绿化，重点路段还设置了步行道，吸引了大量城市居民到此休闲。行走其间，仿佛走进绿的世界、花的海洋，使人心旷神怡、流连忘返。群众风趣地说："复兴区的农村公路，甩掉了黑帽子，戴上了绿帽子"。

修建前

修建后

票数
229.5万

最今非昔比的路
【河北省邯郸市肥乡区滨河路】

这条 30 里长的乡道，在 2017 年之前还是土路，下雨后泥泞不堪，难以行走。今天的它，美丽蜕变，道路两旁建有邯郸森林公园、郊野公园和滨河公园，沿途连接 20 多个村庄和三万亩林果基地，服务周边六七万村民和无数游客。诗赞：滨河长路今不同，美丽蜕变坦途通；旅游致富两齐美，乡村振兴立伟功。

2

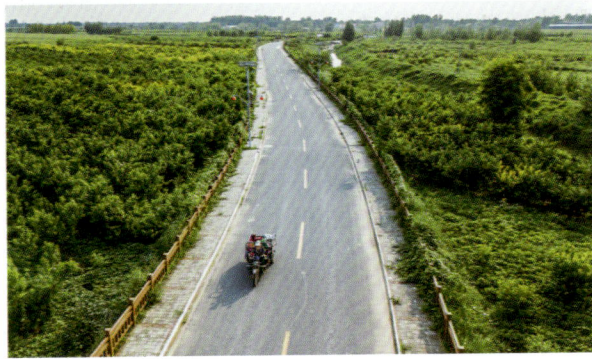

3

#最今非昔比的路#
【河北邯郸峰峰矿区今非昔比的张飞桥】

张飞桥是1700多年前三国时期，蜀国大将张飞率领将士在此地炼铁打造兵器的遗址，坐落在河北邯郸峰峰矿区彭城镇炉上村外。过去，通往张飞桥的是一条弯弯曲曲、坎坷不平的乡间小道。由于交通不便，这座千年古桥很少有人光顾，就连峰峰矿区当地人也难觅其踪迹。在修建旅游公路时，峰峰矿区决定"修筑旅游路与保护历史文化并重"，在张飞桥侧畔修了一条绕桥公路，架起一座新大桥，并且建起一座张飞桥纪念碑亭。同时，修缮了炉上村公路，每逢节假日游客不断，成为远近闻名的旅游胜地。真可谓：昔日道路坎坷泥泞，千年古桥寂静无声。今架新桥道路通畅，好汉坡旁重振雄风。再现当年车水马龙，游客盈门经济振兴。

票数 198.5万

最今非昔比的路

【江苏省镇江市丹阳X352"杉水乡韵"】

X352 起于访仙集镇，途经开发区管委会、司徒镇，终于上会镇，全长 30.3 千米，连接访仙镇到丹阳经济技术开发区、眼镜制造重镇——司徒镇的重要交通要道，也是丹阳市"四纵、八横、两环"中的主骨架道路。

该道路原为县道丹上线，老路为水泥混凝土路面，通行车辆多为大型运输车辆，破碎严重，给行车带来一定的安全隐患。先后经历了 2013 年、2015 年、2016 年三次县道大中修，建成了现在车道宽度 7 米至 12 米，技术等级二级，同时完善了 X352 的安全设施建设，布设了相应的警示安全标志和路侧防撞护栏，绿化以大片的水杉林为主，有"水杉路"的美称，为当地群众出行创造了畅安舒美的交通环境。

票数 182.7万

5

＃最今非昔比的路＃

【江苏省南京市高淳区慢城线】

慢城线，起于状元山附近，止于省道360线附近。之前的慢城道路属于泥沙道路，周边村民出行极为不便。2012年，慢城线纳入提档升级计划，改造后的慢城线全部为沥青硬化道路，全长26.4公里，为三级道路。道路的建设不仅方便了群众出行、农产品的运输，更促进了地方旅游业的发展，带动农民由低收入的农业向高收入的旅游业转变。

慢城线是桠溪国际慢城的主干道路，主要服务于桠溪国际慢城景区和茶叶试验场，沿途经过大山农家乐、康之源牡丹园、桃花扇广场等地，串联起了整个高淳山区的经济、旅游、文化的一体化发展。区内景色自然天成，质朴秀美，并将民间传说、文化古迹、自然风光有机结合，充分彰显了桠溪得天独厚的生态特色。

附录

在2019年7月26日至8月27日期间，"我家门口那条路"主题活动官方微博实现了粉丝量1亿、# 我家门口那条路 # 话题阅读量1亿的突破。江苏省分别在溧阳、高淳、江宁、海门、丹阳、金坛6个县区开展了线下展示活动。线上线下呼应，动态静态结合，累计发布微博815条，掀起主题活动的又一个高潮。

@ 我家门口那条路
大事记

7 月 26 日

@ 我家门口那条路 **线下展示周·江苏展示周启动仪式在溧阳举行。**后续于7月28日至8月27日，先后在溧阳、高淳、江宁、海门、丹阳、金坛6个市（县）呈现了内容丰富的线下活动！

溧阳

7 月 26 日

江苏展示周启动当日，# 我家门口那条路 # **登上微博热搜榜的榜首。**

7 月 26 日

江苏省发布了全省首批14个农村公路"一县一品牌、一区一特色"成果，并以该成果为引领，2019年，江苏省计划新改建农村公路4500千米、改造桥梁2100座。

7 月 28 日

江苏省溧阳市展示周活动中，溧阳发布了该区农村公路的"官宣"视频。**阅读量突破1.8万。**

8 月 4 日

@ 我家门口那条路 **微博粉丝量突破40万**

8月5日

"我家门口那条路"江苏省高淳区展示周活动在综合交通枢纽正式启动。

8月8日

@ 我家门口那条路 江苏省江宁区展示周活动启动。

8月8日

@ 我家门口那条路 微博粉丝量突破 50 万

8月9日

高淳区区委常委、党组成员邢先文推介高淳"四好农村路"。

高淳

8月10日

马未都老先生为 @ 我家门口那条路 代言，讲述儿时记忆中家门口的那条路——北京东四六条。

8月12日

我家门口那条路 # 江苏展示周海门市启动仪式暨海门"江海叙·又一季"农村公路品牌发布会，在海门市足球小镇举办。江苏省交通运输厅副厅长金凌、南通市人民政府副市长赵闻斌出席活动并分别致辞，海门市委副书记、市长郭晓敏推介了农村公路品牌。

海门

8月15日

@ 我家门口那条路 微博粉丝量突破 60 万

8月16日

我家门口那条路 # 江苏省丹阳市展示周活动启动，通过"镜彩农路"、参观稻鸭共作示范基地、举办骑行活动、开展主题座谈会等形式，展示丹阳"四好农村路"的建设成果。

8月16日

丹阳市市委副书记、市长黄万荣推介丹阳"四好农村路"。

丹阳

8月18日

我家门口那条路 # 话题阅读量突破1亿

8月17日

我家门口那条路 # 江苏展示周活动正式走进金坛。

金坛

8月25日

金坛区委常委、常务副区长陶伟推介金坛"四好农村路"。

8月26日

溧阳市人民政府副市长陈峰推介"溧阳1号公路"，欢迎全国各地的朋友到溧阳来走一走、看一看。

8月31日

江苏省镇江市丹阳X352"杉水乡韵"、南京市高淳区慢城线分别获评"我家门口那条路"八月 # 最今非昔比的路 #。

媒体发布

交通运输部官网

中共江苏省委新闻网

江苏省人民政府网

江苏文明网

江苏省交通运输厅官网

中国新闻网

新华网

新华日报

凤凰网

新浪网

中国水运报

中国公路网

扬子晚报

影响力人物

我家门口那条路 V
8月10日 12:07 来自 专业版微博 已编辑

#我家门口那条路#【马未都：记忆中北京东四六条】儿时穿梭在胡同中嬉笑玩乐，如今胡同里的路越来越好，车也渐渐多了起来。家门口的路犹如记录城市变迁的博物馆，它的变化会给个人的生活带来怎样的影响呢？听听马未都老师聊家门口的那条路。@马未都 @北京发布 @交通北京 @北京交通广播 @BTV北京新闻 ... 展开全文 ⌄

但我生在北京

阅读 2万　推广　　⤴ 6　　💬 6　　👍 18

@ 我家门口那条路
微博大数据
（截至 2019 年 8 月 31 日）

83.5万
微博粉丝

27万+
微博日均阅读量

110万+
单日最高阅读量

1.9亿+
我家门口那条路 # 话题阅读量

4950万+
8 月份 # 最今非昔比的路 #
提名活动话题阅读量

100万+
单条微博的转发、评论、点赞数量
累加最高

2次
登上微博热搜榜

@ 中国交通
交通运输部官方微博

@ 江苏交通
江苏省交通运输厅官方微博